Meissener Porzellan
Schönheit im Detail

MEISSENER PORZELLAN
SCHÖNHEIT IM DETAIL

Hans Sonntag
Jürgen Karpinski
(Farbaufnahmen)

Edition Leipzig

Die im Buch verwendeten Bezeichnungen
»Böttgersteinzeug« und »Meissener Porzellan«
sind keine Werkstoffbegriffe,
sondern rechtlich geschützte Marken
der Staatlichen Porzellan-Manufaktur Meissen:
Böttgersteinzeug ®
Meissener Porzellan ®

Die Deutsche Bibliothek – CIP-Einheitsaufnahme
Meissener Porzellan : Schönheit im Detail/
Hans Sonntag. Jürgen Karpinski (Farbaufnahmen).
Leipzig : Ed. Leipzig, 1998

ISBN 3-361-00481-0

1. Auflage Henschel Verlag, Berlin, 1991

Umschlaggestaltung: Dieter Rex, München
Innenlayout: Eberhard Kahle, Löbau
Satz und Reproduktion: Förster & Borries, Zwickau
Druck: Jütte Druck GmbH, Leipzig
Printed in Germany
Gedruckt auf alterungsbeständigem Papier
mit chlorfrei gebleichtem Zellstoff

Vorwort

Dieses Buch mit seinen großformatigen Detailabbildungen möchte den Blick schärfen für die Besonderheiten der Handarbeit, des Kunsthandwerks, speziell der feinkeramischen Handarbeit, die sich beim Porzellan vor allem im Detail, in allen malerischen und plastischen Feinheiten, auch Unregelmäßigkeiten, darstellt. Das handgefertigte Porzellanstück, gleich ob Figur oder Gefäß, wird immer auch ein Stück Subjektivität desjenigen aufweisen und bewahren, der den Gegenstand herstellte; es gibt Auskunft über seine individuellen handwerklichen Fähigkeiten und Fertigkeiten. Im reproduktiven Schaffensbereich einer Porzellanmanufaktur, die Service, Figuren, Dekore und verschiedenartige Gebrauchs- und Ziergegenstände aus drei Jahrhunderten manufakturell herstellt, wird in jedem Stück und in jedem Detail der ursprüngliche Künstler durch das meisterliche Händewerk heutiger Kunsthandwerker weiterleben, die Vergangenes wieder gegenwärtig machen. Daß die traditionsreiche Produktionsweise der Meissener Manufaktur über fast drei Jahrhunderte in den formbildenden und malerischen Bereichen noch heute Realität ist, setzt voraus, daß auch die alten Handwerkskünste aktiv erhalten blieben. Ohne die konsequente Beibehaltung der charakteristischen Handarbeit wären das Erscheinungsbild und der Ruf des Meissener Porzellans längst erloschen bzw. zur Historie geworden.

Die vielgestaltigen Dekore der Meissener Manufaktur – Blumenmalerei, Indischmalerei, Jagdmalerei, Fruchtmalerei, Vogelmalerei, Watteaumalerei und andere –, so »festgelegt« sie einerseits sind, lassen dennoch immer auch individuelle Freiräume des Gestaltens für den jeweiligen Porzellanmaler, so daß vor allem innerhalb der Dekore im Detail Unterscheidungen von »Handschriften« möglich sind. Die Malerei nach grafischen Vorlagen (Radierungen, Holzschnitte, Kupferstiche) bietet dem Porzellanmaler ein weites Spektrum freien Entscheidens über die Auswahl der Vorlagen und schließlich der malerischen Gestaltung auf dem jeweiligen Porzellangegenstand. Gleiches trifft zu bei der variationsreichen Blumen- beziehungsweise Bukettmalerei. In der Staffagemalerei sind ebenfalls zahllose Möglichkeiten des individuellen und detailreichen malerischen Gestaltens gegeben, man denke nur an die unterschiedlichen Musterungen der Kostüme, Röcke, Westen, Mieder, Hauben, Bänder, Schleifen und so weiter.

Selbst beim Meissener »Zwiebelmuster«, einem sogenannten gebundenen Muster, wo ein Stück dem anderen gleichen soll, gibt es die unterschiedlichsten »Handschriften« der Malerinnen und Maler. Womöglich sind es gerade diese kleinen Unregelmäßigkeiten in der Ausführung dieses Dekors, die ihn so lebendig erscheinen lassen. Die Anerkennung und Berücksichtigung dieser Faktoren kennzeichnen besonders das manufakturell hergestellte Porzellan. Kenner und Liebhaber wissen das zu schätzen!

Der genußvolle Blick auf die Einzelheiten eines Objekts ist uns bei der Schnellebigkeit unserer Zeit selten vergönnt, doch ist das Detail keine zu vernachlässigende Nebensächlichkeit, denn es wird uns – wenn wir es bewußt wahrnehmen – das Ganze erschließen, das sinnvolle Zusammenspiel von Form und malerischer Dekoration sowie plastischer Gestaltung zum ästhetischen Erlebnis werden lassen. Auch im Detail offenbart sich das Können der Modelleure, Former, Bossierer und Maler, die in einem stark arbeitsteiligen Gestaltungsprozeß an der Entstehung der Porzellane beteiligt sind.

Ehe ein fertiges Stück eine Manufaktur verläßt, sind unzählige Arbeitsgänge notwendig, ausgeführt vom Modelleur, vom Gipsradierer, Gipsformenhersteller, Dreher und Former oder vom Bossierer, der zum Beispiel jedes ausgeformte Teil in allen Feinheiten nachmodellieren muß, ehe die Figurenteile mit flüssiger Porzellanmasse, dem Schlicker, zusammengefügt werden können und erneut nachmodelliert werden müssen. Der Blumenbossierer formt jedes der Blütenblätter hauchdünn aus, ehe er sie zur Blüte zusammensetzt. Der Porzellanmaler arbeitet mit Bleistift, Pinsel und Feder; er skizziert die Lage der jeweiligen Malerei auf dem entsprechenden Gegenstand, malt Farbe für Farbe die »Anlage« der Partien und vollendet schließlich in einer minutiösen Gestaltung den Dekor mit allen Feinheiten und Nuancierungen im Detail. Die Goldmaler gestalten filigrane Ranken- und Bordürenmuster um die prachtvollen Blumenmalereien oder um die Chinoiserien à la Höroldt. Die »Durchbrucharbeiten« werden mit winzigen spitzen Messern ausgeführt, ehe das Stück gebrannt wird, wobei die Hände keine Auflagefläche haben, denn jeder Gegenstand ist noch weich und verformbar.

Jedem Einzelteil gebührt volle Aufmerksamkeit, denn der Gegenstand aus Meissener Porzellan ist wie ein Musikstück für mehrere Instrumente, jedes virtuos beherrscht – von Meistern ihres Faches. Das materialtypische Detail entsteht letztlich nur durch die meisterliche, hochqualifizierte Arbeit der »Porzelliner«, die meist zeitlebens mit *ihrer* Manufaktur verbunden sind.

Tisch- und Tafelkultur am sächsischen Hof

Die Lebensart der großen, kleinen und kleinsten europäischen Potentaten des 17. und 18. Jahrhunderts wurde wesentlich von der absolutistischen Staatsform bestimmt. Auch die Künste dieser Zeit dienten letztlich der glanzvollen und pathetischen Zurschaustellung der absoluten Macht der Herrscher. Das Fieber der Verschwendung, Prachtentfaltung, Umgestaltung und Erneuerung erfaßte alle Bereiche des höfischen Lebens und machte dieses zu einem einzigen Fest.

An Festanlässen mangelte es nicht: Geburts-, Namens- und Todestage der weitverzweigten fürstlichen Familien, Hochzeit, Genesung, auswärtige Besuche, Friedensschlüsse, Staatsverträge, Einweihungen, Grundsteinlegungen, Jahreszeitenwechsel, Planetenkonstellationen ... vom kirchlichen Festkalender ganz abgesehen. Das höfische Fest war eine der glanzvollsten und charakteristischsten Erscheinungen des Zeitalters und treibende Kraft vieler Aktivitäten. Es bot in besonderer Weise Gelegenheit, politischen Anspruch und wirtschaftliche Stärke, Lebensqualität und Kulturniveau der Herrschenden überzeugend und sinnlich erlebbar zu demonstrieren. »Obwohl die Festkultur in Sachsen eine lange Tradition besaß, erreichte sie unter Kurfürst Friedrich August I. (genannt August der Starke) ihren grandiosen Höhepunkt als gesellschaftliches und kulturelles Ereignis, von dem an allen europäischen Fürstenhöfen bewundernd gesprochen wurde. Die Versailler Hofhaltung unter dem ›Sonnenkönig‹ Ludwig XIV. war dafür das große Vorbild, dem man nacheiferte. In die Feste waren alle Künste einbezogen, von der Baukunst und den bildenden Künsten über die Komödie, Musik und Poesie bis zur thematisch entsprechenden Gestaltung von Gebrauchsgegenständen, Waffen, Kostümen, Masken, Kutschen usw. Die Feste gaben den Künstlern zahllose Anregungen und Gelegenheiten, sich phantasievoll zu entfalten, wobei das Gewagteste und Ausgefallenste gerade gut genug war. Nicht selten wurden die Feste unter der Regie des Königs wie Theaterinszenierungen konzipiert, ausgestattet und geprobt, und sie vereinten unter einem zentralen Leitmotiv neben den Ballett-, Opern- und Schauspielvorstellungen Programme unterschiedlicher Darstellungen wie Umzüge, Jahrmärkte, Maskenbälle, Wirtschaften, Götteraufzüge, Jagden, Feuerwerksvorführungen und ritterliche Spiele. Der König und die Mitglieder des Hofes, selbst Akteure bei den Festen, gefielen sich in allegorischer Verkleidung als Jahreszeiten, Elemente, Erdteile, Nationen und besonders als antike Gottheiten.« (Sinngemäß zitiert aus: Bächler, Hagen und Monika Schlechte, »Sächsisches Barock. Aus der Zeit von Matthes Daniel Pöppelmann«, Leipzig 1986, S. 23f.) Von den allegorischen Darstellungen, die dann auch in der Porzellankunst eine herausragende Rolle spielten, wurde ausdrücklich gefordert, »Verstand und Sinnen Raum für Ausdeutungen zu geben«. Den gebildeten Zeitgenossen eröffnete die Allegorie eine Welt vielseitiger Bezüge. Im Fest stellte die höfische Gesellschaft sich dar, wie sie sein wollte: göttlich und damit allmächtig.

Teil aller Hoffeste – und von nicht geringem Interesse für die Beteiligten – waren die großen Festtafeln für mehrere hundert Gäste. Von namhaften Hofkünstlern entworfen und von unzähligen Gehilfen als Kunstwerk arrangiert, verwirklichten sie das jeweilige Leitmotiv des Festes in der Speisendarbietung, den Devisen (Sinnsprüchen), Raumdekorationen, Blumenarrangements und dekorativen Tafelaufsätzen und -bauten mit höchster ästhetischer Raffinesse. Besondere Aufmerksamkeit bei den Tafelgestaltungen galt den zumeist farbigen Dekorationen und Konfektaufsätzen aus einer Tragant-Zucker-Masse, wie zum Beispiel Tempel, Vasen, Figuren, Grotten, Bäume, Landschaften, Tiere, Häuser, die die Tafeln während des Essens und bei der Darreichung des Konfekts zierten. Die Gestaltung der Tafeln wie des gesamten Umfeldes stellte auch einen geistig-kommunikativen Höhepunkt der Festlichkeiten dar. Sie sollte den Grad von Kultiviertheit des jeweiligen Hofes im Kontext mit der Darstellung von Macht, Reichtum, Eleganz und Pracht sinnlich erlebbar zum Ausdruck bringen.

In dem Werk »Vollständige Beschreibung aller Solennitäten bey dem hohen Königlichen Sicilianischen Vermählungs-Feste, welches im May-Monath des Jahres 1738 an dem Königl. Pohln. und Churfürstl. Sächsischen Hofe zu Dreßden in Vollmacht prächtigst vollzogen worden«, das der Zeremonienmeister Johann Ulrich König verfaßte, heißt es u. a.: »Da der Confect-Aufsatz, welcher von dem ersten Königlichen Hof-Conditor, Herrn Cortier, zur hohen Vermählungs-Tafel Abends des neunten May angeordnet worden, nicht nur der Erfindung, sondern auch der Ausführung und besondern Vorstellung wegen, aller Zuschauer Bewunderung erworben hat, so wird es dem Leser hoffentlich nicht verdrießlich fallen, wenn er von demselben eine Beschreibung, so deutlich als möglich ist … allhier vorfindet … Zu dem Ende sahe man in der Mitte dieser Tafel einen durchsichtigen und auf Säulen errichteten Tempel, etliche Stuffen erhöhet, an welchem die durchbrochene Kuppel von blauen gegossenen Zucker, oder Carmel, die Säulen von gelben, die Postamenter aber von rothen, und die hin und wieder auf der Kuppel angebrachten Zierrathen von gleicher Farbe waren. … Zur Rechten so wohl zur Lincken des Tempels sahe man zwey in einander geschlungene Hertzen flach auf der Tafel liegen, … mit rothen Confect und dergleichen Candirung belegt, drey Zoll breit, und auf kleinen gläsernen Säulen vier Zoll von der Tafel erhoben, überhaupt aber mit einem Rande von weissen Dragant-Zucker, darinn Hertzen, Bogen, Pfeil, Köcher und dergleichen Zierrathen waren, zu beyden Seiten eingefaßt … In der mittelsten Zusammenfügung, wo sich die beyden Hertzen in einander schlossen, und woselbst eine Oefnung war, stand eine hohe Pyramide auf einem Fuß-Gestelle, von weissen Dragant-Zucker und durchbrochenem vergüldeten Gatter- und Laubwercke … Folgenden Tages, als am Sonnabend, speiseten abermahl die hohe Königliche Herrschaft, nach geendetem Caroussel, nebst den Rittern, öffentlich an einer sehr großen Tafel … Oben gemeldeter Königliche Hoff-Conditor, Cortier, hatte ebenfals den Confect-Aufsatz, welcher gleich vom Anfang in der mittelsten Reihe der gantzen Tafel gesetzt wurde, so künstlich als prächtig angeordnet; und solcher verdienete nicht weniger, wie der vorige, so wohl aller Zuschauer Beyfall, als Bewunderung. Auf dieser gantzen Tafel überhaupt wurden verschiedene Stücke von Neapel vorgestellet … Gleich von vorn erblickte man in der Mitte den Hafen von Neapel und die daselbst befindliche See-Leuchte …«

Figurative, bildhafte Szenerien für Tafel- und Raumdekorationen, in großer Anzahl verfügbar und vor allem schnell herzustellen, waren kaum anders möglich, als in einer Materialmasse, deren Ver- und Bearbeitung man kannte und über die man reichlich verfügte – nämlich Zucker. Die Formbarkeit des Zuckers und Formbildungen aus Tragant-Zucker hatten lange Traditionen, die historisch stabil gewachsen waren, sich in den handwerklichen und künstlerischen Fähigkeiten und Fertigkeiten der Hofconditoren aktiv erhalten hatten und durch die höfischen Lebensbedürfnisse ständig reproduziert wurden.

In der »Einleitung zur Ceremonial-Wissenschaft der großen Herren …« von Julius Bernhard von Rohr aus dem Jahre 1729 heißt es zum Beispiel: »Die Schauessen sind in den alten Zeiten mehr mode gewesen als jetzund. Man findet bey den alten Geschicht-Schreibern, daß auf großen Festivitäten, wo es sehr prächtig zugangen, bißweilen mehr Schau-Essen zur Parade aufgesetzt worden als andere Speisen zum Vorschneiden und Vorlegen. Heutiges Tages sind sie nicht so häufig, werden aber davor mit desto grösserer Invention, und auf eine sinnreichere Weise inventirt … Bißweilen werden gantze Geschichten vorgestellt. Alle Colonnen, Gesimse und Aufsätze, alle Statuen und Figuren, und was nur zur Architectur gehört, alle Blumen, Bäume und Blätter, alle Kleider und Gewandte an den Personen, die durchsichtigen Wolcken, und was nur zu sehen ist, ist aus lauter Zucker dergestalt gegossen, daß die Farben den Marmor, die Bronze, die Personen, Blumen und Blätter und Früchte auf das natürlichste und vollkommenste vorstellen…« Wesentlich ist, daß in den Tragant-Zucker-Gebilden vielfältige bildkünstlerische Anregungen von Objekten aus anderen Materialien wie Bronze, Stein, Holz, Elfenbein, den verschiedenen Edelmetallen und natürlich von Gemälden, Plastiken, der Gewebekunst und Grafik übernommen und in spezifisch plastischer Weise verarbeitet wurden.

Tragant ist ein aus dem Stamm mehrerer Arten von Astragalus auf natürliche Weise oder nach Verletzung ausschwitzender Gummi. Er ist weißlich durchscheinend, zäh, hornartig, geruchlos, quillt im Wasser stark auf, gibt nach dem Kochen einen Schleim und besteht aus Bassorin, löslichem Gummi, Stärkemehl und mineralischen Stoffen. Man unterscheidet Smyrnaer, syrischen und persischen Tragant. Tragant wird in der Zeugdruckerei und der Appretur, zur Herstellung von Aquarellfarben und als Bindemittel sowie für Konditoreiwaren benutzt.

Von der Tragant-Zucker-Kunst der »Conditoren« gingen vor allem handwerklich-technische Anregungen aus, die für das europäische plastische Porzellanschaffen relevant wurden. Zwischen den Gebilden aus Tragant-Zucker und den Plastiken aus Porzellan besteht eine Reihe von Gemeinsamkeiten, wie die Ausformung der Einzelteile mittels Quetschformen, die Vorgänge des Bossierens, das Trocknen an der Luft, das Backen beziehungsweise Brennen in Öfen, das Glasieren und schließlich die farbige Bemalung sowie die ständige Reproduzierbarkeit aller Objekte.

Im »Frauenzimmer-Lexicon« von Amaranthes aus dem Jahre 1773 wird dazu ausgeführt: »Die leichtesten Vorstellungen bey grossen Desserts sind die Lustgärten mit Spaziergängen, Gebäuden, Springbrunnen, Parterren und Statuen, zu welchen letztern die Porcellain-Fabriken in Meissen, Berlin, Wien etc. die schönsten und zierlichsten Figuren von allen nur erdenklichen Arten und Stellungen zubereiten, und den Conditoren dadurch viel Arbeit ersparen, weil diese vormals dergleichen Figuren und Statuen von Tragant-Teige oder Carmel-Zucker mühsam und mit viel Kosten verfertigen mußten …«

Von der einst so berühmten Tragant-Zucker-Kunst blieben der Nachwelt verschiedene Formen aus Holz, Gips oder Wachs erhalten. Zahlreiche Kupferstiche mit Darstellungen der üppigen Tafeldekorationen sowie schriftliche Quellen geben uns heute Aufschlüsse über Vielfalt und Herstellungsweise dieser kunstvollen Gebilde. Die Publikation »Handwerke und Künste in Tabellen« von P. N. Sprengel, 1774 in Berlin erschienen, beschreibt unter anderem diesen Prozeß: »Zu den erhabenen Verzierungen der Hofarbeit gehören 1.) Die Tragantarbeit. Diese Arbeit hat die größte Verwandtschaft mit dem Poußiren und Modelliren der Bildhauer. Denn der Conditer poußiret Figuren und andre Verzierungen dieser Art aus einer Masse, die er aus Gummi Tragant und Zucker verfertiget ... Geradlinige Flächen, z. B. die Wände ... poußiret er aus freyer Hand ... Zu Gesimsen, Gattern und allen ähnlichen kleinen Auszierungen, die nur mühsam aus freyer Hand poußiret werden können, besitzt er Formen von Holz, in welchen er diese Theile einzeln mit Tragantmasse abformet, und sie an ihren Ort schicklich aus freyer Hand ansetzet ... Zu Figuren ... poußiret er sich mit den Poußirhölzern ein Original von gelben aber rothgefärbten Wachs, wenn er nemlich die Kunst in Wachs zu poußiren verstehet, verfertiget sich vermittelst dieses Originals eine Form von Gips ... und drucket in dieser Form die Figur mit Tragantmasse ab. Zu gewöhnlichen Figuren besitzet der Conditer schon vorräthige Formen von Gips. Eine Figur erhält also keinen Kern, sondern sie wird maßiv aus Tragantmasse abgeformet. Ueberdem formt der Conditer sie auch nur nackend, und poußiret das Gewand und andre Verzierungen mit den Poußirhölzern aus freyer Hand ... Zuweilen bleiben solche Verzierungen von Tragantarbeit weiß, zuweilen werden sie mit Farben ausgemahlet ... Die Figuren und Vasen sind anjetzt häufig von Porcelan, und das Porcelan hat die ähnlichen Stücke von Tragantarbeit zum Theil verdrenget. Doch bringt der Conditer oft mitten unter dem Porcelan Stücke von Tragantarbeit an, wenn er ein Stück, so zu dem Ganzen seines Aufsatzes gehöret, nicht in Porcelan erhalten kann ...«

Die Schrift »Teutsches Hof-Recht« von Friedrich Carl von Moser aus dem Jahre 1761 gibt Auskunft über die Funktion der »Conditoreyen« und über die Tätigkeit der Dresdner »Hof-Conditorey«, in der im Jahre 1753 insgesamt 35 Personen beschäftigt waren.

Wesentlicher Bestandteil der Tafelgestaltung war natürlich das Tafelgeschirr aus Silber, Gold, chinesischem oder japanischem Porzellan oder aus anderen Materialien wie zum Beispiel Fayence. Trotz aller Erlesenheit und Schönheit der Einzelstücke waren die Tafelgeschirre selten einheitlich in Formgebung und Material. Besonders das chinesische und japanische Porzellan brachte die begehrte Farbigkeit in die gehobene Tafelkultur. Man schätzte aber auch die Sauberkeit, die hohe Wärmehaltung sowie die Geschmacksneutralität des Porzellans. Besitzerstolz und reale Gebrauchsbedürfnisse weckten und förderten das Verlangen zur Nachahmung und Nacherfindung, zur Gestaltung nach eigenen Vorstellungen und Wünschen.

Mit der Erfindung des europäischen Porzellans in Dresden und mit der Errichtung einer eigenen Manufaktur in Meißen begann schließlich die Verwirklichung dieses Wunschtraums. Der Meissener Porzellan-Manufaktur als der ersten in Europa und ihren fähigsten Künstlern und Kunsthandwerkern gelang es, eine Formen- und Dekorsprache zu finden, die den Ambitionen des Rokokos in vollendeter Weise entsprach: Sie strahlte Eleganz, Heiterkeit, Zartheit, Verspieltheit aus, zeigte eine exotische Bildwelt, die eigene höfische Lebensumwelt, allegorische und mythologische Szenen bis hin zu den beliebten erotischen Schäferidyllen. Man entwickelte die differenzierten Gestaltungsmöglichkeiten des Porzellans: einbrennbare, brillante Farben, den schimmernden, muschelähnlichen Glanz der Glasur, die vielgestaltige Formbarkeit des Materials und nicht zuletzt die Reproduzierbarkeit aller Objekte, welche Ergänzungen, Veränderungen, Komplettierungen und Erneuerungen jederzeit möglich machte. Das Ringen der Künstler und Handwerker um eigene europäische Formen und Dekore vollzog sich natürlich nicht losgelöst von der Praxis anderer einheimischer und auswärtiger Künste und Gewerke. Mit der zunehmenden Beherrschung der Porzellanherstellung überwog bei der Tafelgestaltung dieses Material immer mehr. Tragant-Zucker-Kunst und Porzellan-Kunst ergänzten und überschnitten sich zwar noch lange Zeit, aber letztlich siegte das Porzellan, und die Tragant-Zucker-Kunst fiel nahezu dem Vergessen anheim.

Plastiken und Gefäße in allen Formen und Dekoren, Etageren, Leuchter und Aufsätze aus Porzellan beherrschten die Tafel nicht nur als Gebrauchsgegenstände, sondern gaben auch Anlaß zur geistvollen, spielerischen Konversation über Vergangenes und Gegenwärtiges. In den Porzellanfiguren versteckten sich zum Vergnügen der Tafelgäste zahllose Anspielungen, Zweideutigkeiten und Anekdoten aus dem realen Hofleben. Berühmte Skulpturen, Gemälde, Opernstoffe und literarische Themen feierten in dem neuen Material eine glanzvolle Wiedergeburt. Das Porzellan eroberte aber nicht nur die Tafeln, sondern zunehmend den gesamten Innenraum in Gestalt von Kronleuchtern, Spiegelrahmen, Kamineinfassungen, Vasenaufsätzen, Wandtischen, Konsolen und anderem, wobei sich die Gestaltungen harmonisch in das Ensemble der Möbel, Fußböden, Stoffe und Tapeten einfügten.

Sowohl der praktische Gebrauchswert als auch die geistigen und ästhetischen Ansprüche der Hofgesellschaft bestimmten die entsprechenden Gefäßformen und Dekorgestaltungen, die bei den Servicen eine funktionale und ästhetische Einheit bildeten und die sich entweder dauerhaft durchsetzten, teilweise auch modifiziert in anderen Formen und Gebrauchszusammenhängen weiterbestanden, oder aber im Laufe der Zeit ihre praktisch-gegenständliche und geistig-kommunikative Funktion verloren, weil sie nicht mehr den veränderten Lebensbedingungen der Gesellschaft mit ihren spezifischen Anforderungen entsprachen. Entscheidend für die Lebensfähigkeit von Serviceformen und -dekoren war stets die aktuelle und konkrete Wertung ihrer Nutzer. Ob in der Zeit des Spätbarocks, des Rokokos, des Klassizismus oder während des Biedermeiers bis hin zur Periode des Jugendstils und zur Gegenwart – die Meissener Porzellan-Manufaktur entwickelte immer wieder Formen und Dekore für die Servicegestaltungen, die den sich ständig wandelnden Anforderungen an eine exklusive Tisch- und Tafelkultur gerecht wurden.

Zur Porzellan-Manufaktur Meissen

Seit 1710 wird nahezu ununterbrochen in der Meissener Porzellan-Manufaktur das »Weiße Gold« mit den berühmten gekreuzten »Blauen Schwertern« hergestellt. Dieser kontinuierliche Prozeß bedeutet nicht ständiges Fortschreiten, sondern schließt die Reproduktion vieler Formen und Dekore aus fast drei Jahrhunderten ein. Es gibt wohl kaum einen anderen Werkstoff, bei dessen Verarbeitung sich Dekor- und Formenreichtum über einen so langen Zeitraum produktiv erhalten haben und der – bei allen Veränderungen von Stilrichtungen und Geschmack – immer aktuell und modern geblieben ist.

Meissener Porzellan war und ist noch heute ein begehrtes Luxusgut, zu dem man eine dementsprechende persönliche Beziehung hat. Dieser exklusive Charakter machte auch die konsequente Beibehaltung der aufwendigen und hochqualifizierten Handarbeit unabdingbar; nur sie nämlich ermöglicht eine vollkommene Gestaltung des »sensiblen« Materials bis ins kleinste Detail, die modellgetreue Reproduktion der alten Formen und Dekore bis hin zu Modellen aus der Frühzeit der Manufaktur.

Das detailliebende Rokoko mit seinen Grotesken, Arabesken, Rocaillen und filigranen Verzierungen fand besonders im Porzellan seine vollendete Ausdrucksform. Die Meissener Manufaktur – obwohl abseits von der glanzvollen Residenzstadt Dresden gelegen – stand am Anfang der europäischen Porzellankunst, sie setzte Maßstäbe für alle späteren Gründungen vergleichbarer Unternehmen. Mit ihren Mitarbeitern wuchs ein künstlerisches, kunsthandwerkliches und technisch-technologisches Potential heran, das von Generation zu Generation weitervererbt und bereichert wurde. Meissener Porzellan ist heute die Summe des Könnens vieler Generationen. Von gegenwärtig etwa 1600 Beschäftigten der Manufaktur sind ungefähr 800 als Porzellanmaler tätig, wobei die einzelnen Malereibereiche in der Unter- und Aufglasurmalerei sehr unterschiedlich besetzt sind. Aus einem Sortiment von 250 000 Stücken konnten in den vergangenen 15 Jahren etwa 125 000 produziert beziehungsweise reproduziert werden. Allein das weltbekannte Meissener »Zwiebelmuster« kann heute auf 773 verschiedene Formen gemalt werden.

Alljährlich bewerben sich viele junge Menschen, um einen Beruf in der Meissener Porzellan-Manufaktur erlernen zu können. Die Anforderungen sind hoch – die Leistungen im Berufsleben dann um ein Vielfaches höher. Die Lehrzeit beträgt vier beziehungsweise drei Jahre, die Ausbildung erfolgt in einer betriebseigenen Schule. Im ersten Lehrjahr absolvieren die Lehrlinge die Zeichenschule, die das Fundament für den späteren Beruf als Maler oder Bossierer legt. Danach beginnen die Spezialisierungen für den späteren Tätigkeitsbereich. In und mit diesen jungen Menschen lebt das traditionsreiche Erbe der Manufaktur fort; jeder von ihnen wird sein Teil dazu beitragen, daß Formen und Dekore weiterhin in der meissen-typischen Vielfalt und in Handarbeit gefertigt werden können.

An vielen europäischen Fürstenhöfen des sechzehnten, siebzehnten und achtzehnten Jahrhunderts wurde nach dem Herstellungsgeheimnis des ostasiatischen Porzellans geforscht. Als Vorstufe des europäischen Porzellans gelang 1707 am sächsischen Hofe zu Dresden die Herstellung eines rotbraunen Steinzeugs aus eisenoxidhaltigen Tonen und Flußmitteln. Der Ruhm dieser Erfindung gebührt Johann Friedrich Böttger, Ehrenfried Walther von Tschirnhaus und Gottfried Pabst von Ohain, die gemeinsam in systematischen Laborversuchen nach dem »ächten Porcelain« suchten. Im Jahre 1708 schlug schließlich die Geburtsstunde des europäischen weißen Porzellans, als Böttger und die oben genannten Mitarbeiter sowie mehrere Freiberger Berg- und Hüttenleute ein Erdengemisch aus Colditzer Ton und Nordhausener Alabaster bei hohen Temperaturen brannten, so daß zunächst ein Kalkporzellan entstand. Ab 1713 wurde Kaolin aus Schneeberg und Aue verwendet. Um 1725 wurde Alabaster zunehmend durch Feldspat ersetzt, so daß von etwa 1735 bis heute ein Feldspatporzellan hergestellt wird.

Am 28. März 1709 meldete Johann Friedrich Böttger seine Erfindungen an den Kurfürstkönig August den Starken, und am 23. Januar 1710 gab eine Kanzleischrift in vier Sprachen (Latein, Deutsch, Französisch und Holländisch) die Erfindung des europäischen Porzellans und die Gründung einer Porzellanmanufaktur in Dresden bekannt.

Von 1710 bis 1864/65 war die »Porcelain-Fabrique« – wie die Manufaktur damals genannt wurde – im ehrwürdigen spätgotischen Schloß der Wettiner zu Meißen, der »Albrechtsburg« (1676 nach Herzog Albrecht so benannt), untergebracht. Die gut zu bewachende Burg – hoch über dem Dächergewirr der alten Stadt – sollte das streng gehütete Geheimnis der Porzellanherstellung sichern, was auch einige Jahre erfolgreich gelang. In sämtlichen Räumen, vom Keller bis zum Boden, wurde Porzellan produziert, ein Porzellan, wie es der Souverän liebte und begehrte – ein Hartporzellan, das sich auch gewinnbringend verkaufen ließ und die Staatskasse füllen sollte. Von Anbeginn diente die Manufaktur auch kaufmännischen und staatlichen Interessen: Die Porzellane wurden noch vor Etablierung der Manufaktur in Meißen auf der Leipziger Messe angeboten und verkauft. Die Manufaktur war somit eine Kunsteinrichtung, mit der von vornherein wirtschaftliche Ziele verfolgt wurden. Aber die Generationen von Porzellanhandwerkern achteten streng darauf, daß der künstlerische Rang der Meissener Porzellane gewahrt blieb.

Das 19. Jahrhundert brachte der Meissener Manufaktur nicht nur andere Künstlerpersönlichkeiten, Auftraggeber und Käuferschichten, sondern stellte sie vor die wichtige Entscheidung, ob sich das Unternehmen der zeittypischen industriemäßigen Herstellungsweise anschließt oder den alten Manufakturcharakter beibehält. Man entschied sich schließlich nicht für den industriellen Weg, sondern für die Erhaltung der manuellen Fertigungstechnik und damit der traditionellen Handwerkskünste. Alle Formgebungen und Dekorgestaltungen, die in dieser Zeit entstanden, betonen das Manuelle, Individuelle, um sich im Reigen der Porzellanhersteller eindeutig als Manufakturarbeit hervorzuheben und sinnlich erlebbar zu machen, was nur Handarbeit ermöglichen kann. Im 19. Jahrhundert vollzogen sich zwar vielfältige technische und technologische Neuerungen, aber die maßgeblichen artifiziellen Bereiche blieben davon unberührt.

Eine ähnliche Entscheidungssituation gab es nach dem zweiten Weltkrieg, als alles andere als handgefertigte Porzellane benötigt wurden. Die Entscheidung für die Beibehaltung des Manufakturcharakters war eine Entscheidung für die Zukunft!

Unsere Bewunderung gilt den künstlerischen und kunsthandwerklichen Leistungen der vielen Generationen, die für das Porzellan, für die Meissener Manufaktur arbeiteten und arbeiten.

Die Form einer Sauciere, Tasse oder Kanne aus dem 18. Jahrhundert ist uns noch heute wie selbstverständlich vertraut, und dennoch ist es des Nachdenkens wert, weshalb, wie und wodurch diese Gefäßformen unseren veränderten Lebensansprüchen noch immer in so vollendeter Weise genügen. Wer denkt schon darüber nach, weshalb die Kakaotasse einen Deckel hat, die Teetasse flach und die Kaffeetasse höher geformt ist? Wer kennt noch die Funktion der vasenähnlichen Potpourri-Gefäße, die getrocknete Blüten und Gewürze enthielten, um die Luft in den Räumen zu aromatisieren?

Das Meissener Porzellanschaffen kannte und kennt keinen Stillstand, in jeder Epoche und Periode entstand Neues, Eigenes, das den Fundus an Formen und Dekoren bereicherte. Die zeitgenössischen Künstlergruppen, die das moderne Meissener Porzellan entwickeln, fühlen sich dem Erbe im Sinne kreativen Schaffens verpflichtet und bewahren altes Handwerk in der Moderne.

Erbe und Tradition sind für die Meissener Manufakturisten keine abstrakten Begriffe, sondern alltägliches Handwerk, das uns auch und gerade im Detail fasziniert.

Schauhalle und Schauwerkstatt

In einem Museum werden die ausgestellten Objekte normalerweise höchst selten bewegt, bei einer Umgestaltung der Exposition etwa oder wenn sie als Leihgaben für Sonderausstellungen benötigt werden. Die Schauhalle der Meissener Manufaktur als werkseigene Einrichtung bildet in dieser Hinsicht eine Ausnahme, denn sämtliche Exponate haben hier Modellcharakter, sie dienen der ständigen Reproduktion von Formen und Dekoren. Eigentlich ist die Schauhalle der öffentlich zugängliche Teil des riesigen Modelldepots der Manufaktur, in dem etwa 20000 Porzellane aus drei Jahrhunderten aufbewahrt werden. Chronologisch nach Genres und Sujets geordnet, stehen sie für die Produktion bereit. Sie werden an die verschiedensten Arbeitsbereiche in der Manufaktur entliehen, wenn das gewünschte Modell im Depot nicht vorhanden ist. Die dabei gelegentlich auftretenden kurzzeitigen Lücken im Ausstellungsablauf können zumeist mit anderen Stücken geschlossen werden, da ohnehin nicht alle Porzellane gezeigt werden können. Insgesamt werden den Besuchern der Schauhalle jährlich etwa 3000 Porzellane dargeboten. Jedes Jahr wird die Exposition partiell verändert, erneuert, bereichert, um selten oder bisher gar nicht gezeigte Stücke vorzustellen, die so meist eine ganz neue Ausstrahlung gewinnen. Mit der Präsentation in der Schauhalle werden wesentliche Entwicklungslinien des Meissener Porzellanschaffens von 1710 bis zur Gegenwart übersichtlich und anschaulich dokumentiert. Die Vielfalt der Exponate reicht von den Stücken aus rotem Feinsteinzeug (Böttgersteinzeug®) über die ersten Gefäße aus Böttgerporzellan (einem Kalkporzellan) bis hin zu den neuesten Kreationen der jungen Künstlergeneration, die sich mit ihrem Schaffen in die großen Traditionen eines Höroldt, Kaendler, Eberlein, Jüchtzer, Achtenhagen, Sturm, Braunsdorf, Hösel, Hentschel, Scheurich und anderer einreihen.

Dieser relativ umfassende Überblick über das seit fast 300 Jahren andauernde Wirken der Manufaktur ist das Besondere, fast Einmalige dieser Ausstellung. In keinem anderen Museum, das Meissener Porzellan sammelt und zeigt, findet man diese Breite und Vielfalt.

Zum Richtfest des Gebäudes am 6. August 1913 sagte der damalige Manufakturdirektor, Dr. Julius Heintze, daß die Schauhalle, abweichend von den bis dahin allgemein üblichen Museumsaufgaben, mehrere Zwecke erfüllen sollte: »Sie soll dem Käufer die Auswahl erleichtern, dem Sammler einen Überblick über die gediegensten und schönsten Stücke der Manufaktur bieten und nicht zuletzt auch den Künstlern der Manufaktur zum Studium dienen.« Die Schauhalle wurde im Januar 1916 eröffnet und konnte seither mehrere Millionen Besucher registrieren.

In einer Notiz des Meißner Tageblattes vom 21. Januar 1916 heißt es: »In den Kriegsjahren 1914 und 1915 ist es für die Porzellanmanufaktur von großem Vorteil gewesen, daß die neue Schauhalle diejenigen Waren, die wegen des stockenden Absatzes nicht versandt werden konnten, auf Lager zu nehmen vermochte. Ein weiterer Vorteil entstand dadurch, daß die Warenbestände zufolge hinreichenden Platzes in übersichtlicher Weise geordnet werden konnten. Es zeigte sich hier unerwartet, wie zweckmäßig es ist, rechtzeitig notwendige Vergrößerungen vorzunehmen. Die Schauhalle ist nunmehr soweit fertiggestellt, daß sie demnächst dem öffentlichen Besuche zugängig gemacht werden kann. Schon äußerlich ist sie eine bauliche Zierde der Manufakturfabrikanlage geworden … Wunderschön wirkt die Schauhalle im Innern. Einmal ist die Anordnung der Ausstellungszimmer und -säle um eine doppelte Treppenanlage, die aus einem großen Versammlungs- und Vortragssaale emporführt, sehr vornehm und imponierend, und dann ist auf die Bedürfnisse der Massenführung Rücksicht genommen, so daß sich die Besucher – es kommen ja hier vor allem auch die Angehörigen von Schulen aller Art in Frage – in ihrem Besichtigungsgange nicht stoßen und stören. Die Ausstellungsgegenstände selbst sind in künstlerischer Weise zu Gruppen nach der Entstehungszeit oder nach der Art der dargestellten Motive zusammengefaßt, teilweise sind sie auch alleinwirkend aufgestellt und die Ausstattung der Räume ist mit dem Stil der Kunstwerke in wohltuende Übereinstimmung gebracht. Der Gesamteindruck dieser neuen Porzellansammlung ist ein großartiger und wird durch die Tatsache verstärkt, daß es ja nur die Erzeugnisse einer einzigen Fabrik sind, die hier vorgeführt werden. Man sieht erst, welch eine Unsumme künstlerischer Gestaltungskraft und technischen Könnens sich in diesem Museum verkörpert und wie unendlich vielgestaltig die Modelle sind, die im Laufe von über 200 Jahren geschaffen wurden. Die alten Kunstwerke sind auf Grund der vorhandenen Modelle schon vielfach wieder nachgebildet worden und diese Wiedererschaffung wird in liebevoller Weise, die auf jede Feinheit der alten Originale Bedacht nimmt, stetig fortgesetzt. Natürlich ist dies nur nach Maßgabe der zur Verfügung stehenden Künstler und der zu erübrigenden Zeit möglich, aber schon jetzt überrascht die Pracht und Erfindungskunst der ausgestellten Stücke ebenso wie die vollendete Behandlung des edlen Materials. In der Schauhalle wird nur je ein Stück der erzeugten Kunstwerke ausgestellt, und dieses ist unverkäuflich. Aber in den weiten, ebenfalls zur Besichtigung stehenden Verkaufsräumen sind sie erhältlich oder können im Bedarfsfalle nach dem besichtigten Originale in entsprechender Zeit angefertigt werden. Diese Neuerung ist ein sehr bedeutungsvoller Fortschritt in der Entwicklung der Manufaktur: früher kannte man einen sehr großen Teil der schönsten Werke gar nicht im Publikum, und wenn man sie kannte, so konnte man sie nicht kaufen. Jetzt sind sie der Welt wieder zugängig gemacht und die Manufaktur wird in weitem Maße die Sorgen und Mühen und die glänzenden Leistungen vergangener Jahrhunderte für sich ausnutzen können. Dieser Entwicklungsgang steht dabei durchaus im Einklang mit dem bisherigen, insofern, als die Manufaktur eine von den wenigen Fabriken ist, die alles, was nachbestellt wird, auch nachliefern. Natürlich beansprucht diese Herstellung von Einzelstücken bei der Fülle der Modelle und Bemalungen mehr oder weniger Zeit, aber man kann doch die künstlerisch handgemalten Ergänzungsstücke in gleich guter Ausführung, wie die in Verlust geratenen, bekommen. Andere Fabriken lassen sich meist auf solche kostspielige und betriebsstörende Nachlieferungen nicht ein, aber gerade Meißen hat stets das Individuelle gepflegt und ist dem Publikum, soweit wie irgend möglich, entgegengekommen. Die infolge der Schauhallenausstellung zur Wirkung kommende eingehende individuelle Behandlung wird voraussichtlich den Ruf der Manufaktur als einer Kunstanstalt noch weiter mehren ...«

Der erste Schauhallen-Führer vom September 1916 betont besonders den Charakter des Hauses als Modellsammlung: »Das sollte nicht nur ein Museum sein, d. h. den Zweck erfüllen, das Vorhandene gefällig und belehrend zur Schau zu bringen, darüberhinaus mußte es der Forderung Genüge tun, daß die Sammlungsgegenstände den täglichen und stündlichen Bedürfnissen sowohl des Handels wie des Werkbetriebes zweckdienlich und übersichtlich als Musterstücke zur Verfügung stehen. Daß sie so als unentbehrliches Glied regen Anteil hat am heutigen kräftig pulsenden Leben der Manufaktur, das gibt der Schauhalle ihre Eigenart ... Überblickt man die Schauhalle als Ganzes, so überrascht zunächst das ungeheure Übergewicht dessen, was das 18. Jahrhundert geschaffen hat. Daß die Vergangenheit der Menge nach überwiegt, ist naturgemäß, unmöglich kann der heutige Tag, oder sagen wir das letzte Geschlecht, so viel hervorbringen, wie zwei Jahrhunderte davor zusammengenommen. So hat bei der Aufstellung einer derartigen Übersicht die Gegenwart von vornherein einen schweren Stand. Das Übergewicht liegt aber hier nicht nur in der Menge. Alles, was das 18. Jahrhundert hier geschaffen hat, ist Spiegel und Ausfluß höfischen Lebens, das sich noch einmal, zum letzten Male vor dem Dahinschwinden, mit all dem Glanze und all dem entzückenden Schmelz einer Jahrhunderte alten festgefügten Kultur umgab. Daher bei aller Mannigfaltigkeit im Einzelnen diese Geschlossenheit und Kraft des Gesamtbildes, daher die durch ein sicheres Gefühl gebundene Freiheit der Künstler, die das Leben schaffend meisterten, souverän wie der Fürst, dem sie dienten ... So bietet die Schauhalle aus ihrem Rückblick in die Vergangenheit heraus Richtschnur und Wertmaß für unser heutiges Schaffen, so bietet sie die feste Grundlage, von der aus die Manufaktur in die Zukunft schreiten soll und will.«

Seit 1916 hat sich die Inneneinrichtung dieses imposanten Gebäudes kaum verändert. Große Festräume und kleinere Raumbereiche bis hin zu Vitrinenzonen in Galerien reihen sich harmonisch aneinander und verleihen der Schauhalle ihr unverwechselbares Ambiente. Eine große Festtafel für zwölf Personen, die jedes

Jahr mit einem anderen Service phantasievoll gedeckt wird, erregt ebenso die Bewunderung der Besucher wie der dreieinhalb Meter hohe Tafelaufsatz »Großer Ehrentempel«, der für eine Hoftafel im Jahre 1749 geschaffen wurde.

Ein besonderer Anziehungspunkt des Hauses ist die Schauwerkstatt, in der den Besuchern die einzelnen Arbeitsgänge, wie das Drehen und Formen, das Bossieren, die Unter- und Aufglasurmalerei, vorgeführt werden. Außerdem gibt sie wichtige Informationen zur Geschichte der Manufaktur. Die persönliche Begegnung mit den hier tätigen Kunsthandwerkern vertieft das Verständnis für die Exklusivität der noch heute vollständig in Handarbeit gefertigten Porzellane.

Alljährlich besuchen etwa 300000 in- und ausländische Gäste die Schauhalle nebst Schauwerkstatt und machen sich so an Ort und Stelle mit den Besonderheiten des Meissener Porzellans bekannt und vertraut.

Wer den Namen der Stadt Meißen hört oder liest, denkt zuerst an das Meissener Porzellan – und das mit gutem Grund.

Literatur-auswahl

Arnold, Klaus-Peter und Diefenbach, Verena (Hg.)
Meißener Blaumalerei aus drei Jahrhunderten
Leipzig 1989

Jedding, Hermann
Meißner Porzellan des 18. Jahrhunderts
München 1979

Jedding, Hermann
Meißner Porzellan des 19. und 20. Jahrhunderts
München 1981

Meier, Günter
Porzellan aus der Meissener Manufaktur
Berlin 1981[1], 1991[6]

Menzhausen, Ingelore
Alt-Meißner Porzellan in Dresden
Berlin 1989[1], 1990[3]

Nadolski, Dieter
Wahre Geschichten um das Meissener Porzellan
Leipzig 1990

Reinheckel, Günter
Prachtvolle Service aus Meissener Porzellan
Leipzig 1989

Sonntag, Hans
Schauhalle der Staatlichen Porzellan-Manufaktur
Meissen (Führer durch die Sammlung)
Braunschweig 1991

Sonntag, Hans und Schuster, Bettina
Meißen & Meissen (Euro-Guide)
München 1990

Sterba, Günther
Gebrauchsporzellan aus Meissen
Leipzig 1988

Walcha, Otto
Meißner Porzellan
Dresden 1973

Tafelteil

1
August der Starke im Harnisch
Johann Joachim Kretzschmar,
um 1714
Böttgersteinzeug®

2
Mokkakanne
Form vermutlich
von Johann Joachim Kaendler,
1732

3
Kaffeekanne mit Kopfausguß
und Altozier-Dessin
Form von Johann Friedrich Eberlein,
um 1736

4/5
Vase mit Blumen-, Früchte-, Vogel-
und Drachenmalerei
aus der Periode Höroldt
Form um 1730

6/7
Vase mit Blumen-
und Insektenmalerei
auf gelbem Fond
und Exotischer Vogelmalerei
nach Wiedemann
in drei Reserven
Form von Franz Wiedemann,
um 1730

8
Tassenformen
des 18. Jahrhunderts
mit Indischdekoren:
Tischchenmuster,
Alter gelber Löwe,
Indisches Astmuster
aus der Periode Höroldt

9
Zwei Untertassen
mit den Dekoren Reiches
Tischchenmuster mit Vogel
und Garbenmuster

10/11
Teile aus einem Teeservice
mit gelbem Fond
und Höroldt-Chinoiserien
in Reserven,
Goldspitzenkante,
I-Henkel
Form von Johann Joachim Kaendler,
um 1735

12/13
Tassen im Altozier-Dessin
mit Tierfabelmalerei
und bunter Blumenmalerei
Form von Johann Joachim Kaendler,
um 1735

14/15
Terrine aus dem Speiseservice
für Joseph Alexander
Graf von Sulkowski
Form von Johann Joachim Kaendler,
um 1735

16/17
Kaffeekanne
mit Schneeballblütenbelag
Form von Johann Joachim Kaendler,
um 1736

18/19
Schneider auf Ziegenbock
Form von Johann Joachim Kaendler,
1737

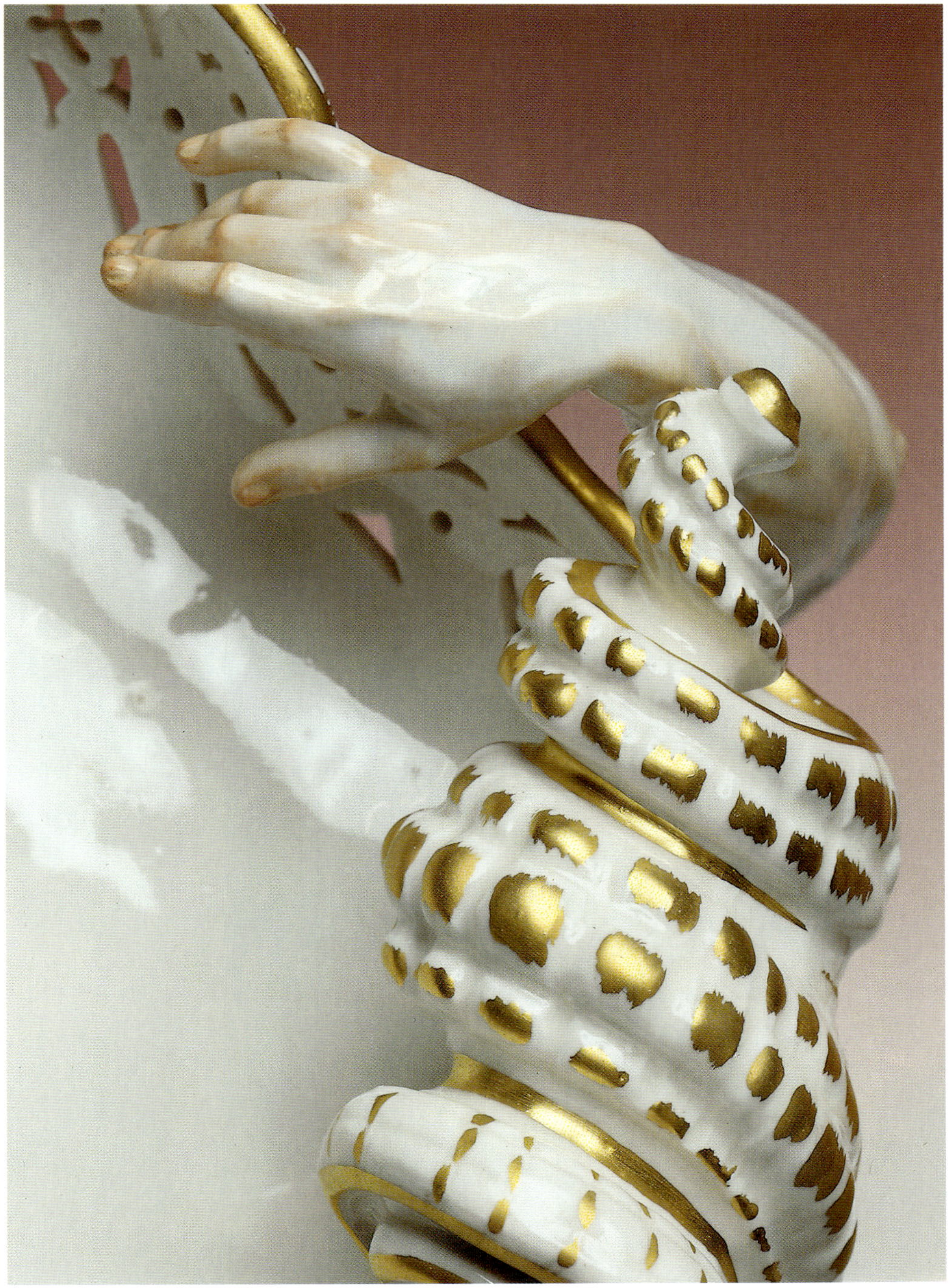

20/21
Nereide mit Muschelschale
und Glaukos mit Durchbruchschale
aus dem Schwanenservice
für Heinrich Graf von Brühl
Formen von Johann Joachim Kaendler
und Johann Friedrich Eberlein,
1737–1741

22/23
Heiliger Antonius
Form von Johann Joachim Kaendler,
1737

24/25
Schale im Gotzkowsky-Dessin
mit Jagdmalerei
nach Johann Elias Ridinger,
um 1740
Form von Johann Joachim Kaendler,
1735

26/27
Teekanne mit I-Henkel
und bunten Kauffahrtei-
und Hafenszenen
nach grafischen Vorlagen,
um 1740
Form von Johann Joachim Kaendler,
um 1735

28/29
Leuchter in Form einer Laube
mit weiblicher tanzender Figur
Form von Johann Joachim Kaendler,
um 1754

30/31
Zwei Vasen im Altozier-Dessin
mit plastischen Blüten
und Früchten
Form um 1740

32/33
Uhrgehäuse
mit plastischen Blüten
und Malerei
nach David Teniers d. J.
Form um 1740

34/35
Freimaurer am Globus
Form von Johann Joachim Kaendler
und Johann Friedrich Eberlein,
1742

38/39
Schmuckvase mit Schneeballblütenbelag,
Porträtmedaillon (Kurfürst
Friedrich August II. von Sachsen,
König August III. von Polen),
Wappenmalerei
(Sächsisch-polnisches Wappen),
Figuren Fama und Flora
sowie Putti
Form von Johann Joachim Kaendler,
1742

36/37
Suppenterrine
in Gestalt eines Brabanter Hahnes
Form von Johann Joachim Kaendler,
1742

40/41
Drei Teebüchsen
mit Figuren-, Architektur-
und Landschaftsmalerei
nach grafischen Vorlagen,
um 1750
Formen Mitte 18. Jahrhundert

42/43
Figuren aus der Serie »Musen«:
Erato mit Leier,
Polyhymnia mit Mandoline
Formen von Johann Joachim Kaendler,
1748

44
Händlerinnen und Händler
nach grafischen Vorlagen
Von links nach rechts:
Fischverkäuferin, Händlerin,
Backwarenverkäufer,
Gebäckverkäuferin, Essighändler
Formen von Johann Joachim Kaendler,
1756–1763

45/46
Uhrgehäuse mit Jagdmalerei
nach Johann Elias Ridinger
Form von Johann Joachim Kaendler,
um 1750

47/48
Die Apfelernte
Form von Johann Joachim Kaendler
und Johann Elias Meyer,
1753

49/50
Potpourri (Duftgefäß)
auf Postament
mit plastischen Blumenbelägen
und Figuren,
bunte Figurenmalerei
nach Antoine Watteau
Form um 1760

51/52/53
Figuren aus der Affenkapelle
Formen von Johann Joachim Kaendler
und Peter Reinicke,
um 1753 bzw. 1765

54/55
Deckelvase
mit Porträtdarstellungen
in Gold
Form um 1770

56/57
Maria am Kalvarienberg
Form von Johann Joachim Kaendler,
1774

I.N.R.I.

58/59
Die gute Mutter
Form von Michel Victor Acier,
1774

60/61
Deckelgefäß
nach antikem Vorbild
weißes Biskuitporzellan
Form von Johann Gottlieb Matthäi,
1775

62/63
Teile aus dem Service
mit dem kornblumenblauen Band
für Kurfürst
Friedrich August III. von Sachsen,
Früchte-, Blumen-
und Insektenmalerei
von Johann Elias Zeissig
(genannt Schönau/Schenau)
Form von Michel Victor Acier,
1777

64/65
Friedrich der Große
zu Pferde,
mit General von Zieten
Form von Michel Victor Acier,
1778

66
Aphrodite Kallipygos,
Medaillon nach antikem Vorbild
blau-weißes Biskuitporzellan
in der Art von Wedgwood
Form um 1769

67
Aphrodite Kallipygos,
nach antikem Vorbild
weißes Biskuitporzellan
Form von Johann Carl Schönheit,
1784

68/69
Besiegte Liebe
Form von Johann Gottfried Jüchtzer,
1786

70/71
Teile eines Kaffeeservice
aus der Marcolini-Periode
mit Tulpen-
und Vergißmeinnichtmalerei,
um 1795
Formen um 1795

72/73
Teile aus einem Dejeuner
mit Fabeltier-Relieffries
und Erotendarstellungen in Grau
auf roséfarbenem Grund.
Dekor vermutlich
von Johann David Schubert,
vor 1800
Formen vermutlich
von Michel Victor Acier
und Johann David Elsasser,
vor 1800

74/75
Zylinderförmige Kaffeetassen
mit Kinderporträts
von Angehörigen
des Sächsischen Königshauses,
um 1835
Formen um 1800

76
Kaffeetasse
mit dem Porträt des Prinzen
Albert von Sachsen,
nach einem Gemälde
von Carl Christian Vogel
von Vogelstein, 1833.
Dekor um 1835
Form um 1800

77/78
Serviceteile
im neogotischen Stil
Formen vermutlich
von Ernst Friedrich Rietschel,
1836

79
Achteckige Schale
mit ornamentaler Malerei
von Max Hermann Krause,
1905
Form von Ernst August Leuteritz,
1893

80
Drei Wandteller
mit ornamentaler Malerei,
um 1880 bis 1915
Formen um 1735

81/82
Sahnegießer und Tasse
im Stil des Historismus
Dekor und Formen
von Carl Hermann Wiedemann,
um 1855

83/84
Wandteller mit Gemäldekopie
nach Jan Vermeer van Delft
»Brieflesendes Mädchen am Fenster«,
um 1860
Form von Johann Elias Zeissig
(genannt Schönau/Schenau)
und Michel Victor Acier,
1774

85/86
Teile aus einem Dejeuner
mit Maiglöckchen-
und Vergißmeinnichtmalerei
von Ernst Georg Gruner,
1861/62
Formen von Ernst August Leuteritz,
1861

87/88
Tablett
im Stil des Historismus
mit Malerei
»Amor und die drei Grazien«
nach François Boucher,
1863
Form um 1863

89
Blumentöpfe
von einem Tafelaufsatz
Formen von
Sigmund Karl August Ringler,
1863

90/91
Krater-Vase
mit reicher bunter Blumenmalerei
nach Wiener Art,
1865
Form von Ernst August Leuteritz,
1865

92/93
Krater-Vase
mit Opernszenen
(»Der Freischütz«, »Fidelio«,
»Der häusliche Krieg«,
»Jessonda«),
1865
Form von Ernst August Leuteritz,
1865

DER FREISCHÜTZ.

94/95
Dejeuner
mit der Grün-goldenen Ornamentkante
aus der Periode
Ludwig Sturm,
um 1890
Form von Ernst August Leuteritz,
1865

96/97
Uhrgehäuse
im neoklassizistischen Stil
auf Postament
mit goldenen Ornamenten
auf blauem Fond
Form von L. E. Martin,
um 1875

98/99
Kanne
im Stil des Historismus
mit umlaufenden
antikisierenden Szenen
Form von Ernst August Leuteritz,
1876

100
Wandteller
mit Pâte-sur-pâte-Malerei:
reiche Ornamentkante
und Porträtmalerei
nach einem antiken Motiv,
um 1880
Form von Johann Joachim Kaendler,
um 1735

101
Ausschnitt
vom unteren Teil
einer Vase
mit Pâte-sur-pâte-Malerei
Dekor und Form um 1890

102
Wandteller
mit Jugendstilornamenten
und Figurenmalerei
in drei ovalen Schildern:
»Faune«
nach Franz von Stuck,
um 1900
Form um 1863

103
Zwei Wandteller
mit Jugendstildekorationen,
im Vordergrund
Teller mit Muschel-,
Quallen- und Möwen-Motiven
von Otto Eduard Voigt,
um 1900
Form von Johann Joachim Kaendler,
um 1745

104
Porzellanbildplatte mit Gemäldekopie, vermutlich nach einem niederländischen Meister, um 1880

105/106
Serviceteile
mit impressiver Blumenmalerei
von beziehungsweise
nach J. E. Braunsdorf,
um 1890
Formen um 1830

107/108
Schmucktruhe
mit Aufsatzfigur
und eingelegten Porzellanplatten
mit antikisierenden Motiven
in Pâte-sur-pâte-Malerei
von Ludwig Sturm,
1892/93
Form von Ludwig Sturm,
1891/92
Aufsatzfigur »Juno«
von Johann Theodor Helmig,
1892/93

109/110
Schmuckvase
als historisierende Ergänzung
zum Schwanenservice
mit Wappenmalerei
und Goldkanten,
um 1900
Form von Albert Georg Eras,
1900

111/112
Vasen mit Lauf-, Riß-
und Kristallglasuren
in Auf- und Unterglasurtechnik
Formen von Hennig,
1925 (links);
Hentschel,
1925 (Mitte);
Grust,
1900 (rechts)

113
Zwei Flaschenvasen
aus dem 18. Jahrhundert
mit modernen Dekoren:
Laufglasuren und
Rißglasur mit Gräsern,
Vögeln und Punkten
von Gebr. Hentschel,
vor 1900
Formen um 1750

114
Detail
einer Jugendstilvase
mit Pâte-sur-pâte-Malerei,
vermutlich
von Julius Hentschel,
um 1897
Form von Ernst August Leuteritz,
1867

115
Vier Teller
mit Jugendstildekorationen
von Henry van de Velde,
1903/04,
Richard Riemerschmid,
1903/05,
Gebr. Hentschel,
1900/01
und Gebr. Hentschel,
1902
(von oben nach unten)

116
Tellerdekor
»Herbstzeitlose«
Dekor und Form
von E. Paul Börner,
1929/30

117/118
Wandteller
mit Jugendstildekoration
»Mädchen mit Faun«
von Martin Wiegand,
1907
Form um 1860

119/120
Dame mit Umschlagtuch
Form von Carl Theodor Eichler,
1910

121/122
Zwei Kostümfiguren
Formen von Alfred König,
1911

123/124
Odaliske mit Tukan
(auch: Das Märchen)
Form von E. Paul Börner,
1912

125
Wandschale mit Dekor
»Dame mit Windhund«
Dekor und Form
von Willi Münch-Khe,
1912

126
Wundervögel
(auch: Spaßvögel)
Form von Willi Münch-Khe,
1912

127/128
Karneval
Form von E. Paul Börner,
1912

129/130
Leuchterreiter
in Böttgersteinzeug®
Form von Gerhard Marcks,
1920

131/132
Schlafendes Bauernpaar
in Böttgersteinzeug®
Form von Ernst Barlach,
1923

133/134
Mandarinente
Form von Max Esser,
1921

135/136
Vase
mit stilisierter Blumenmalerei
und ornamentalen Bändern
im Stil des Art Déco
Dekor und Form von E. Paul Börner,
1927

137/138
Ovale Platte
mit Griffen
und stilisierter Blumenmalerei
Dekor und Form
von E. Paul Börner,
1929/30

139/140
Vase
mit stilisierter Blumenmalerei
im Stil des Art Déco
Dekor und Form
von E. Paul Börner,
1925

141/142
Entführung
Form von Paul Scheurich,
1930

143/144
Petruschka
(nach Igor Strawinsky)
Form von Paul Scheurich,
1930

145/146
Dame mit Fächer
Form von Paul Scheurich,
1930

147/148
Kuchenplatte und Teekanne
mit dem Dekor »Blütenreigen«
(nach Shakespeare
»Ein Sommernachtstraum«)
von Heinz Werner,
1969
Formen von Ludwig Zepner,
1973 (Kuchenplatte)
und 1969 (Teekanne)

149
Polly und Mackie

150
Die Hochzeit des Macheath
(nach Brecht/Weill
»Die Dreigroschenoper«),
Auswahl aus der Gruppe
Formen von Peter Strang,
1970
Staffage von Heinz Werner,
1970

151
Japanische Geschirrformen
mit dem Dekor
Indisches Astmuster,
18. Jahrhundert
Formen von Ludwig Zepner,
1982/83

152
Gemüseschüssel
von einem Speiseservice
mit dem Dekor
»Märchen aus 1001 Nacht«
(malerische Fassung)
von Heinz Werner,
1974
Form von Ludwig Zepner,
1973

153
Tellerranddekorationen
mit Vorhangmotiven
aus dem Dekor
»Märchen aus 1001 Nacht«
von Heinz Werner,
1974
Form von Ludwig Zepner,
1973

154
Ausschnitt
aus einer großen Schale
mit dem Dekor »Resede«
Dekor und Form von Sabine Wachs,
1989

155
Drei Schalen
Dekor und Formen
von Sylvia Klöde
und Sabine Wachs,
1989

156
Teller mit kombinierter
Auf- und Unterglasurmalerei:
Waldlaub-Dekor
von Heinz Werner
und Rudi Stolle,
1973
Form von Ludwig Zepner,
1973

157
Malerisches Detail
von einem Jagdleuchter
mit 5 Tüllen:
»Schloß Moritzburg«
von Heinz Werner
und Rudi Stolle,
1973
Form von Peter Strang,
1973

1
August der Starke im Harnisch

Statuette
modelliert von Johann Joachim Kretzschmar, um 1714
Böttgersteinzeug®
Herstellung: 18. Jh.
Inv. 4828
H. 10,6 cm

2
Mokkakanne

undekoriert
Form: vermutlich Johann Joachim Kaendler, 1732
Herstellung: 1860–1924
Inv. 11642
H. 17 cm

3
Kaffeekanne mit Kopfausguß und Altozier-Dessin

undekoriert
Form: Johann Friedrich Eberlein, um 1736
Herstellung: 20. Jh.
Inv. 11559
H. 24 cm

4/5
Vase mit indianischer Blumen-, Früchte-, Vogel- und Drachenmalerei, Periode Höroldt

Form: Um 1730
Herstellung: 1922/AR-Marke
ohne Inv.
H. 37 cm

6/7
Vase mit Blumen- und Insektenmalerei auf gelbem Fond und Exotischer Vogelmalerei nach Wiedemann in drei Reserven

Form: Franz Wiedemann, um 1730
Herstellung: Um 1925
Inv. 4675
H. 36 cm

8
Verschiedene Tassenformen

aus dem 18. Jahrhundert mit unterschiedlichen Indischdekoren (u.a. Tischchenmuster [in kombinierter Auf- und Unterglasurmalerei], Alter gelber Löwe und Indisches Astmuster [nach Kakiemon]), Periode Höroldt
Herstellung: 19. und 20. Jh.

9
Zwei Untertassen mit den Dekoren Reiches Tischchenmuster mit Vogel und Garbenmuster

Herstellung: 1860–1924
Inv. 4683 (links), 2031 (rechts)
D. 13 cm (links), 14 cm (rechts)

10/11
Teile aus einem Teeservice mit gelbem Fond und Höroldt-Chinoiserien in Reserven, Goldspitzenkante, I-Henkel

Formen: Johann Joachim Kaendler, um 1735
Herstellung: 1860–1924
Inv. 4712 (Kanne), 4711 (Zuckerdose), 4710 und 4708 (Tassen)
H. 11 cm (Kanne), D. 8 cm (Zuckerdose)

12/13
Tassen im Altozier-Dessin mit Tierfabelmalerei und bunter Blumenmalerei

Form: Johann Joachim Kaendler, um 1735
Herstellung: 1860–1924
Inv. 1650, 1651, 1649
H. 4,5 cm, D. 12 cm bzw. 13,5 cm

14/15
Terrine aus dem Speiseservice für Joseph Alexander Graf von Sulkowski

undekoriert
Form: Johann Joachim Kaendler, um 1735 (nach einem Silbermodell Augsburger Herkunft)
Herstellung: 1924–1934
Inv. 19168
H. 43 cm, D. 30 cm

16/17
Kaffeekanne mit Schneeballblütenbelag, aufgelegte Blätter, Dolden des Schneeballblütenstrauches, einzelne Vögel

Form: Johann Joachim Kaendler, um 1736
Herstellung: 1860–1924
Inv. 3111
H. 26 cm

18/19
Schneider auf Ziegenbock

Form: Johann Joachim Kaendler, 1737
Herstellung: 1956
Inv. 4459
H. 44 cm

20/21
Nereide mit Muschelschale und Glaukos mit Durchbruchschale aus dem Schwanenservice für Heinrich Graf von Brühl

Formen: Johann Joachim Kaendler und Johann Friedrich Eberlein, 1737–1741
Herstellung: Nereide 20. Jh., Glaukos 1924–1934
Staffagen: 1987/88
ohne Inv.
H. 34 cm (Nereide), 46,5 cm (Glaukos)

22/23
Heiliger Antonius

Form: Johann Joachim Kaendler, 1737
Herstellung: 1934 (Form), 1982/83 (Staffage)
Inv. 7349
H. 18 cm

24/25
Schale im Gotzkowsky-Dessin mit Jagdmalerei nach grafischen Vorlagen von Johann Elias Ridinger, um 1740

Form: Johann Joachim Kaendler, 1735
Herstellung: 1860–1924
Inv. 1632
27 x 21,5 cm

26/27
Teekanne mit I-Henkel und bunten Kauffahrtei- und Hafenszenen nach grafischen Vorlagen, um 1740

Form: Johann Joachim Kaendler, um 1735
Herstellung: Nach 1934
Inv. 4591
H. 13,5 cm

28/29
Leuchter in Form einer Laube mit weiblicher tanzender Figur

Form: Johann Joachim Kaendler, um 1754
Herstellung: Um 1890
Inv. 3186
H. 23 cm

30/31
Zwei Vasen im Altozier-Dessin mit plastischen Blüten und Früchten

Form: Um 1740
Herstellung: Um 1740
Inv. 8431 (links), 3202 (rechts)
H. 36 cm (links), 26 cm (rechts)

32/33
Uhrgehäuse mit plastischen Blüten, durchbrochenem Gitterwerk mit Vergißmeinnichtblütenbelägen und Malerei nach David Teniers d. J.

Form: Um 1740
Herstellung: 18. Jh.
Inv. 3172
H. 45 cm

34/35
Freimaurer am Globus

Form: Johann Joachim Kaendler und Johann Friedrich Eberlein, 1742
Herstellung: 1860–1924
Inv. 227
H. 23 cm

36/37
Suppenterrine in Gestalt eines Brabanter Hahnes

Form: Johann Joachim Kaendler, 1742
Herstellung: Um 1925
Inv. 3055
H. 35 cm, D. 29 x 18 cm

38/39
Schmuckvase mit Schneeballblütenbelag, Porträtmedaillon (Kurfürst Friedrich August II. von Sachsen, König August III. von Polen), Wappenmalerei (Sächsisch-polnisches Wappen), Figuren Fama und Flora sowie Putti

Form: Johann Joachim Kaendler, 1742
Herstellung: Um 1889
Inv. 57
H. 83 cm

40/41
Drei Teebüchsen mit Figuren-, Architektur-, Landschafts- und Seeprospektmalerei nach grafischen Vorlagen, um 1750

Formen: Mitte 18. Jh.
Herstellung: 1860–1924
Inv. 4568 (links), 4567 (Mitte), 4418 (rechts)
H. 12,5 cm (links), 18 cm (Mitte), 8,5 cm (rechts)

42/43
Zwei Figuren aus der Serie »Musen«: Erato mit Leier und Polyhymnia mit Mandoline

Formen: Johann Joachim Kaendler, 1748
Herstellung: Nach 1934
Inv. 11175 (links), 6142 (rechts)
H. 41 cm (links), 40 cm (rechts)

44
Händlerinnen und Händler, zumeist nach grafischen Vorlagen

Von links nach rechts: Fischverkäuferin (aus der Serie »Pariser Ausrufer«, Nr. 11), Händlerin (unbekannt, 1753), Backwarenverkäufer (unbekannt, 1753), Gebäckverkäuferin (aus der Serie »Pariser Ausrufer«, Nr. 13), Essighändler (aus der Serie »Pariser Ausrufer«, Nr. 35)
Formen: Johann Joachim Kaendler, 1756–1763
Herstellung: 19. und 20. Jh.
Inv. 4531, 864, 4526, 4532, 4530
H. 15–16 cm

45/46
Uhrgehäuse auf Postament mit Jagdmalerei nach grafischen Vorlagen von Johann Elias Ridinger

Form: Johann Joachim Kaendler, um 1750
Herstellung: Um 1914
Inv. 9460
H. 32,5 cm (mit Postament)

47/48
Die Apfelernte

Form: Johann Joachim Kaendler und Johann Elias Meyer, 1753
Herstellung: 1880
Inv. 3074
H. 27 cm

49/50
Potpourri (Duftgefäß) auf Postament, mit plastischen Blumenbelägen und Figuren, bunte Figurenmalerei nach grafischen Vorlagen von Antoine Watteau und Bunte Blumenmalerei

Form: Um 1760
Herstellung: Um 1900
Inv. 3155
H. 74 cm (mit Postament)

51/52/53
Figuren aus der Affenkapelle (Auswahl)

Formen: Johann Joachim Kaendler und Peter Reinicke, um 1753 bzw. 1765
(Die komplette Affenkapelle besteht aus 21 Figuren und einem Notenpult)
Herstellung: 1979/80, mit einer speziellen Staffagevariante
Inv. 12898 (Notenpult), 16087 (Dirigent), 16106 (Affe am Clavicord)
H. durchschnittlich 14 cm

54/55
Klassizistische Deckelvase mit goldradierten Porträtdarstellungen

Form: Um 1770
Herstellung: 19. Jh.
Inv. 8422
H. 23,5 cm

56/57
Maria am Kalvarienberg

Form: Johann Joachim Kaendler, 1774
Herstellung: Um 1850
Inv. 7322
H. 40 cm

58/59
Die gute Mutter

Form: Michel Victor Acier, 1774
Herstellung: 1860–1924
Inv. 4448
H. 21,5 cm

60/61
Deckelgefäß als Schmuckvase, nach antikem Vorbild weißes Biskuitporzellan

Form: Johann Gottlieb Matthäi, 1775
Herstellung: 1775
Inv. 11636
H. 34,5 cm

62/63
Teile aus dem Service mit dem kornblumenblauen Band für Kurfürst Friedrich August III. von Sachsen mit Früchte-, Blumen- und Insektenmalerei von Johann Elias Zeissig (genannt Schönau/ Schenau)

Form: Michel Victor Acier, 1777
Herstellung: 1777
Inv.: 11712 (Rechaud), 11674 (Pfanne), 11668 (Terrine), 4638 (Terrinenschale), 4645 und 11669 (Tassen), 11671 und 4646 (Untertassen)
H. 6,5 cm (Tassen), B. 19,8 cm (Terrine), 28,5 cm (Terrinenschale), D. 21 cm (Rechaud), 18,5 cm (Pfanne)

64/65
Friedrich der Große zu Pferde, mit General von Zieten

undekoriert
Form: Michel Victor Acier, 1778
Herstellung: 20. Jh.
Inv. 16826
H. 48 cm

66
Aphrodite Kallipygos, Medaillon nach antikem Vorbild blau-weißes Biskuitporzellan in der Art von Wedgwood

Form: Um 1769
Herstellung: Ende 18. Jh.
Inv. 18271
D. 9,5 cm

67
Aphrodite Kallipygos, nach antikem Vorbild weißes Biskuitporzellan

Form: Johann Carl Schönheit, 1784
Herstellung: Ende 18. Jh.
Inv. 11611
H. 26,5 cm

68/69
Besiegte Liebe

Form: Johann Gottfried Jüchtzer, 1786
Herstellung: 1924–1934
Inv. 6129
H. 38 cm

70/71
Teile eines Kaffeeservice aus der Marcolini-Periode mit Tulpen- und Vergißmeinnichtmalerei, um 1795

Formen: Um 1795
Herstellung: Um 1795
Inv. 17875 (Kanne), 17876 (Gießer), 17877 (Zuckerdose), 17885 (Zwiebackkorb), 17881 (Tasse)
H. 25,5 cm (Kanne), D. 26,5 cm (Zwiebackkorb)

72/73
Teile aus einem Dejeuner mit Fabeltier-Relieffries und Erotendarstellungen in Grau auf roséfarbenem Grund, Dekor vermutlich Johann David Schubert, vor 1800

Formen: Vermutlich Michel Victor Acier und Johann David Elsasser, vor 1800
Herstellung: Mitte bis Ende 19. Jh.
Inv. 4435–4441
H. 16 cm (Kanne), 11,5 cm (Gießer), 10 cm (Zuckerdose); D. 8 cm (Tasse), 13,5 cm (Untertasse); 42 x 32 cm (Tablett)

74/75
Zylinderförmige Kaffeetassen mit miniaturhaften Kinderporträts von Angehörigen des Sächsischen Königshauses

Oben links:
Prinzessin Marie de Saxe, 1807
Oben rechts:
Prinzessin Anne de Saxe, 1807
Unten links: Prinz Georg, Herzog von Sachsen, 1832
Unten rechts:
Prinz Fréderic de Saxe, 1807
Formen: Um 1800
Herstellung: Um 1835
Inv. 4420 (o.l.), 4426 (o.r.), 4419 (u.l.), 4424 (u.r.)
H. 5,5 cm

76
Kaffeetasse mit dem Porträt des fünfjährigen Prinzen Albert von Sachsen, nach einem Gemälde von Carl Christian Vogel von Vogelstein, 1833

Form: Um 1800
Herstellung: Um 1835
Inv. 4425
H. 5,5 cm

77/78
Serviceteile im neogotischen Stil mit Glanzgold-dekoration

Formen: Vermutlich Ernst Friedrich Rietschel, 1836
Herstellung: Um 1840
Inv. 16676 (Kanne), 16678 (Zuckerdose), 16677 (Gießer)
H. 20,8 cm (Kanne), 17 cm (Zuckerdose), 17,5 cm (Gießer)

79
Achteckige Schale mit ornamentaler Malerei von Max Hermann Krause, 1905

Form: Ernst August Leuteritz, 1893
Herstellung: Um 1905
Inv. 10041
D. 23 cm

80
Drei Wandteller mit ornamentaler Malerei, um 1880 bis 1915

Formen: Um 1735
Herstellung: Zwischen 1880 und 1915
Inv. 10051 (links), 10050 (Mitte), 10049 (rechts)
D. 20 cm (links), 23 cm (Mitte und rechts)

81/82
Sahnegießer und Tasse im Stil des Historismus

Formen und Dekor: Carl Hermann Wiedemann, um 1855
Herstellung: Um 1855
Inv. 3467 (Gießer), 2243 (Tasse)
H. 19 cm (Gießer), 9,5 cm (Tasse)

83/84
Wandteller mit Gemäldekopie nach Jan Vermeer van Delft »Brieflesendes Mädchen am Fenster«, um 1860

Form: Johann Elias Zeissig (genannt: Schönau/Schenau) und Michel Victor Acier, 1774 (Teller aus dem Service für Herzog Karl Christian Joseph von Kurland)
Herstellung: Um 1860
Inv. 4314
D. 23,5 cm

85/86
Teile aus einem Dejeuner mit Maiglöckchen- und Vergißmeinnicht-malerei von Ernst Georg Gruner, 1861/62

Formen: Ernst August Leuteritz, 1861
Herstellung: 1861/62 (gefertigt für die Weltausstellung in London 1862)
Inv. 5125 (Tablett), 5122 (Kaffeekanne), 5123 (Mokkakanne), 5124 (Zuckerdose)
H. 21 cm (Kaffeekanne), 15,5 cm (Mokkakanne), 11,5 cm (Zuckerdose); 44,5 x 32 cm (Tablett)

87/88
Tablett im Stil des Historismus mit Malerei »Amor und die drei Grazien« nach François Boucher, 1863

Form: Um 1863
Herstellung: 1863
Inv. 3788
53,5 x 39,5 cm

89
Blumentöpfe von einem Tafelaufsatz

Formen: Sigmund Karl August Ringler, 1863
Herstellung: 1863
Inv. 8438, 8435, 8446, 8443, 8434, 8436
H. 13,5 bis 17,5 cm

90/91
Krater-Vase mit reicher, bunter Blumenmalerei nach Wiener Art, 1865

Form: Ernst August Leuteritz, 1865
Herstellung: 1865
Inv. 4414
H. 73 cm

92/93
Krater-Vase mit Opernszenen (»Der Freischütz« von Carl Maria von Weber, »Fidelio« von Ludwig van Beethoven, »Der häusliche Krieg« von Franz Schubert, »Jessonda« von Louis Spohr), 1865

Form: Ernst August Leuteritz, 1865
Herstellung: 1865
Inv. 4242
H. 55 cm

94/95
Dejeuner mit der Grün-goldenen Ornamentkante, Periode Ludwig Sturm, um 1890

Form: Ernst August Leuteritz, 1865
Herstellung: Um 1890
Inv. 4228 (Kanne), 4218 (Tablett), 4230 (Gießer), 4229 (Zuckerdose), 4220 und 4221 (Tassen)
H. 19,5 cm (Kanne), 11,5 cm (Gießer), 11 cm (Zuckerdose); 38 x 31 cm (Tablett)

96/97
Uhrgehäuse im neoklassizistischen Stil auf Postament mit goldenen Ornamenten auf blauem Fond

Form: L. E. Martin, um 1875
Herstellung: 1924–1934 (Uhr), 1860–1924 (Postament)
Inv. 9488
H. 49,5 cm (mit Postament)

98/99
Kanne im Stil des Historismus mit umlaufenden antikisierenden Szenen

Form: Ernst August Leuteritz, 1876
Herstellung: Um 1876
Inv. 8411
H. 53,3 cm

100
Wandteller mit Pâte-sur-pâte-Malerei (Schlickermalerei): reiche Ornamentkante und Porträtmalerei nach einem antiken Motiv, um 1880

Form: Johann Joachim Kaendler, um 1735
Herstellung: Um 1880
Inv. 10156
D. 24 cm

101
Ausschnitt vom unteren Teil einer Vase mit Pâte-sur-pâte-Malerei, um 1890

Form: Um 1890
Herstellung: Um 1890
Inv. 3775
H. 51 cm (der gesamten Vase)

102
Wandteller mit Jugendstil-ornamenten und Figurenmalerei in drei ovalen Schildern: »Faune« nach Franz von Stuck, um 1900

Form: Um 1863
Herstellung: Um 1900
Inv. 3996
D. 25 cm

103
Zwei Wandteller mit Jugendstil-dekorationen, im Vordergrund Teller mit Fisch-, Quallen- und Möwenmotiven von Otto Eduard Voigt, um 1900

Form: Johann Joachim Kaendler, um 1745
Herstellung: Um 1900
Inv. 4006
D. 24 cm

104
Porzellanbildplatte mit Gemäldekopie, vermutlich nach einem niederländischen Meister, um 1880

Herstellung: Um 1880
Inv. 4331
28 x 38 cm

105/106
Serviceteile mit impressiver Blumenmalerei, vermutlich von beziehungsweise nach J. E. Braunsdorf, um 1890

Formen: Um 1830
Herstellung: Um 1890
Inv. 4316 (Teekanne), 4317 (Mokkakanne), 4318 (Gießer), 4319 (Zuckerdose), 1798 und 1799 (Tassen)
H. 13 cm (Teekanne), 16 cm (Mokkakanne), 10 cm (Gießer); D. 10,5 cm (Zuckerdose)

107/108
Schmucktruhe mit Aufsatzfigur und eingelegten Porzellanplatten mit antikisierenden Motiven in Pâte-sur-pâte-Malerei von Ludwig Sturm, 1892/93

Form: Ludwig Sturm, 1891/92
Aufsatzfigur »Juno« von Johann Theodor Helmig, 1892/93
Herstellung: 1891–1893 (gefertigt für die Weltausstellung in Chicago 1893)
Inv. 4243
H. 78 cm, B. 50 cm, T. 39 cm

109/110
Schmuckvase als historisierende Ergänzung zum Schwanenservice mit Wappenmalerei und Goldkanten, um 1900

Form: Albert Georg Eras, 1900
Herstellung: 1900–1924
Inv. 4404
H. 53,5 cm

111/112
Vasen mit Lauf-, Riß- und Kristallglasuren in kombinierter Auf- und Unterglasurmalerei

Formen: Hennig, 1925 (links); Gebr. Hentschel, 1925 (Mitte); Theodor Grust, 1900 (rechts)
Herstellung: 1900–1925
Inv. 4065 (links), 7638 (Mitte), 4090 (rechts)
H. 14 cm (links), 18 cm (Mitte), 16 cm (rechts)

113
Zwei Flaschenvasen aus dem 18. Jahrhundert mit modernen Dekoren: Laufglasuren und Rißglasur mit Gräsern, Vögeln und Punkten, Gebr. Hentschel, vor 1900

Formen: Um 1750 (nach ostasiatischen Modellen)
Herstellung: Um 1900
Inv. 4076 (links), 4140 (rechts)
H. 16 cm (links), 16,8 cm (rechts)

114
Detail einer Jugendstilvase mit Pâte-sur-pâte-Malerei, vermutlich von Julius Hentschel, um 1897

Form: Ernst August Leuteritz, 1867
Herstellung: Um 1897
Inv. 4142
H. 36 cm (der gesamten Vase)

115
Vier Teller mit Jugendstildekorationen, von oben nach unten: Blaues geometrisches Muster von Henry van de Velde, 1903/04; Blaues Blättchendekor von Richard Riemerschmid, 1903/05; Flügelmuster, Gebr. Hentschel, 1900/01; Maiglöckchenkante, Gebr. Hentschel, 1902

Herstellung: 1900–1905
Inv. 4001 (Geometrisches Muster), 17228 (Blättchendekor), 17202 (Flügelmuster), 3990 (Maiglöckchen)
D. ca. 26 cm

116
Tellerdekor »Herbstzeitlose«

Form und Dekor: E. Paul Börner, 1929/30
Herstellung: Um 1929/30
Inv. 4063
D. 25,5 cm

117/118
Achteckiger Wandteller mit Jugendstildekoration »Mädchen mit Faun« von Martin Wiegand, 1907

Form: Um 1860
Herstellung: 1907
Inv. 10135
D. 24,5 cm

119/120
Dame mit Umschlagtuch

Form: Carl Theodor Eichler, 1910
Herstellung: 1910
Inv. 4172
H. 44 cm

121/122
Zwei Kostümfiguren

Formen: Alfred König, 1911
Herstellung: 1911
Inv. 4759 (links), 4160 (rechts)
H. 27 cm (links), 26 cm (rechts)

123/124
Odaliske mit Tukan (auch: das Märchen)

Form: E. Paul Börner, 1912
Herstellung: 1986
Inv. 18273
H. 28,5 cm

125
Achtfach eingekerbte Wandschale mit Dekor »Dame mit Windhund«

Form und Dekor: Willi Münch-Khe (Khe bedeutet »Karlsruhe«), 1912
Herstellung: 1912
Inv. 3517
D. 44,5 cm

126
Tiergruppe Wundervögel (auch: Spaßvögel)

Form und Staffage: Willi Münch-Khe, 1912
Herstellung: 1912
Inv. 3508
H. 24,5 cm

127/128
Karneval

Form: E. Paul Börner, 1912
Herstellung: 1988
Inv. 18469
H. 20,5 cm

129/130
Leuchterreiter in Böttgersteinzeug®

Form: Gerhard Marcks, 1920
Herstellung: 1920
Inv. 5937
H. 30 cm

131/132
Schlafendes Bauernpaar in Böttgersteinzeug®

Form: Ernst Barlach, 1923
Herstellung: Um 1930
Inv. 7535
H. 28,5 cm, B. 43 cm

133/134
Mandarinente

Form: Max Esser, 1921
Herstellung: 1922
(Nr. 6 von 11 Stücken)
Inv. 3537
H. 37 cm

135/136
Vase mit stilisierter Blumenmalerei und ornamentalen Bändern im Stil des Art Déco

Form und Dekor: E. Paul Börner, 1927
Herstellung: 1927
Inv. 4884
H. 52 cm

137/138
Ovale Platte aus einem Speise-service mit Griffen und stilisierter Blumenmalerei

Form und Dekor: E. Paul Börner, 1929/30
Herstellung: 1929/30
Inv. 1925
B. 41 cm

139/140
Vase mit stilisierter Blumenmalerei im Stil des Art Déco

Form und Dekor: E. Paul Börner, 1925
Herstellung: 1925
Inv. 3887
H. 46 cm, D. 30 cm

141/142
Entführung

Form: Paul Scheurich, 1930
Herstellung: 1930/34
Inv. 3722
H. 35,5 cm

143/144
Petruschka (nach Igor Strawinskys Ballettmusik »Petruschka«)

Form: Paul Scheurich, 1930
Herstellung: 1930/34
Inv. 3705
H. 26,5 cm

145/146
Dame mit Fächer

Form: Paul Scheurich, 1930
Herstellung: 1930
Inv. 7570
H. 47 cm

147/148
Kuchenplatte und Teekanne aus dem Teeservice mit dem Dekor »Blütenreigen« (nach Shakespeare »Ein Sommernachts-traum«) von Heinz Werner, 1969

Formen: »Großer Ausschnitt« (Kuchenplatte) von Ludwig Zepner, 1973; »Blütenrelief« (Teekanne) von Ludwig Zepner, 1969
Herstellung: 1969 bzw. 1973
Inv. 5510 (Kuchenplatte), 5511 (Teekanne)
D. 31 cm (Kuchenplatte), H. 17 cm (Teekanne)

149/150
Die Hochzeit des Macheath (nach Brecht/Weill »Die Dreigroschenoper«), Auswahl aus der Gruppe

Formen: Peter Strang, 1970
Staffage: Heinz Werner, 1970
Herstellung: 1970
Inv. 17593 (Polly), 17592 (Mackie), 5764 (Priester), 17595, 17596 und 17597 (Gauner), 17591 (Tisch), 5763 (kleiner Vorhang), 17831 (großer Vorhang)
H. 19,5 cm (Polly), 21,5 cm (Mackie), 17 cm (Priester), 13 cm und 14 cm (Gauner), 33,5 cm (kleiner Vorhang); B. 25,5 cm (Tisch); 39 x 37 cm (großer Vorhang)

151
Japanische Geschirrformen mit dem Dekor Indisches Astmuster nach Kakiemon, 18. Jh.

Formen: Ludwig Zepner, 1982/83
Herstellung: 1982/83
Inv. 16731 (Teekanne), 16732 (Sakeflasche), 16735 (Deckelschüssel), 1738 und 1739 (Sakebecher)
H. 12,5 cm (Teekanne), 13,5 cm (Sakeflasche), 5 cm (Sakebecher);
D. 11 cm (Teekanne), 11,5 cm (Deckelschüssel), 4,5 cm (Sakebecher)

152
Gemüseschüssel aus einem Speise-service mit dem Dekor »Märchen aus 1001 Nacht« (malerische Fassung) von Heinz Werner, 1974

Form: »Großer Ausschnitt«, Ludwig Zepner, 1973
Herstellung: 1974
Inv. 5929
H. 15,5 cm, D. 20 cm

153
Tellerrand-dekorationen mit Vorhangmotiven aus dem Dekor »Märchen aus 1001 Nacht« von Heinz Werner, 1974

Form: »Großer Ausschnitt«,
Ludwig Zepner, 1973
Herstellung: 1974

154
Ausschnitt aus einer großen Schale mit dem Dekor »Resede«

Form und Dekor:
Sabine Wachs, 1989
Herstellung: 1989
ohne Inv.
D. 47,5 cm

155
Drei Schalen

Formen und Dekor:
Sylvia Klöde
und Sabine Wachs, 1989
Herstellung: 1989
H. 9 cm, D. 13 cm

156
Teller mit kombinierter Auf- und Unterglasur-malerei: Waldlaub-Dekor von Heinz Werner und Rudi Stolle, 1973

Form: »Großer Ausschnitt«,
Ludwig Zepner, 1973
Herstellung: 1973

157
Malerisches Detail von einem Jagdleuchter mit 5 Tüllen: »Schloß Moritzburg« von Heinz Werner und Rudi Stolle, 1973

Form: Peter Strang, 1973
Herstellung: 1973
Inv. 5602
H. 56 cm, B. 57 cm
(des gesamten Leuchters)